Uwe-Michael Gutzschhahn

Mäusekino

MÄUSEKINO

Ein Versfest für Kinder

eingerichtet von

Uwe-Michael Gutzschhahn

Mit Zeichnungen

von Manfred Schlüter

ELIF VERLAG

Ene mene Tintenfleck,
heiliger Klabauterschreck!
Mäuse, Mäuse sind an Bord.
Ihr bleibt hier und ich geh fort.

IMPRESSUM

Veröffentlicht im ELIF VERLAG

Erste Auflage September 2020

Umschlag: Manfred Schlüter, Hillgroven

Druck: TOTEM Druckerei

ISBN 978-3-946989-29-5

1

Ich will spielen, sagte die Maus

Mein langes Mausgedicht

Ich will spielen

Ich will spielen, sagte die Maus
und lief aus dem Haus.
Aber es spielte niemand mit ihr,
kein einziges Tier.

Die Katze fauchte.
Der Hund knurrte.
Die Raben krächzten.

Da floh die Maus
zurück ins Haus.
Ich will spielen,
spielen,
spielen.

Und sie suchte sich für die Raben
Wörter wie graben und schaben.
Besonders gefiel ihr auch traben.

Für die Katze fand sie die Fratze,
die Glatze oder Geschmatze
und mied das Wort Tatze.

Und für den Hund suchte sie Vagabund,
rund und Pfund
und Mund statt Schlund.

Und dann jonglierte sie mit den Worten,
träumte sich zu den schönsten Orten,
wo sie stundenlang spielte
und um die Ecken schielte …

Wo Raben traben,
die Katze herumschleicht mit Glatze,
wo jeder Hund ist kugelrund
und wiegt 500 Pfund.

Und wo ein schöner gelber Käse die Welt
zusammenhält.

2

Es war einmal
und ist nicht mehr
‘ne Maus mit ihrem
Teddybär

Mausgedichte,
die ich als Kind erfand
oder umdichtete

Kleine Maus

Eine kleine Maus
war nicht gern zu Haus.

Darum lief sie weg,
kriegte einen Schreck.

Und die kleine Maus
lief zurück nach Haus.

<u>Ursprung</u>
Eine kleine Maus
sah den Nikolaus,
zappelte vor Schreck
und dann lief sie weg.

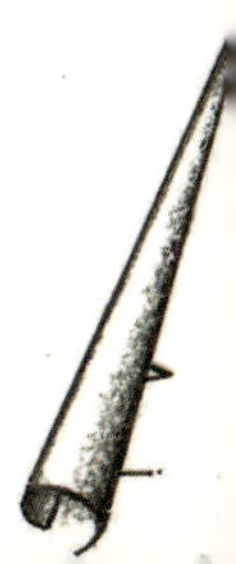

Mauseschleck

Schneck, Schneck, komm heraus,
komm heraus aus deinem Haus,
sonst kommt die Maus
und schleckt dich aus.

Ursprung
Schneck, Schneck, komm heraus.
Sonst kommt die Maus
und frisst dich aus!

Sonderbar

Sonderbar, sonderbar
ist ‘ne Maus mit Katzenhaar.

Kriegt sie keinen Mausmann nicht,
weil sie so nach Katze riecht.

Und der Kater denkt nein, nein,
das kann nur ein Irrtum sein.

Eine Katz mit Mäusehaar
wäre auch sehr sonderbar.

Kriegt sie keinen Kater nicht,
weil sie ihm den Rücken bricht.

Und der Mäuserich denkt nein,
darauf falle ich nicht rein.

Ursprung
Ich kenne zwei Fassungen:

Sonderbar
ist ’ne Kuh mit Pferdehaar.

Sonderbar, sonderbar
ist ’ne Maus unterm Talar.

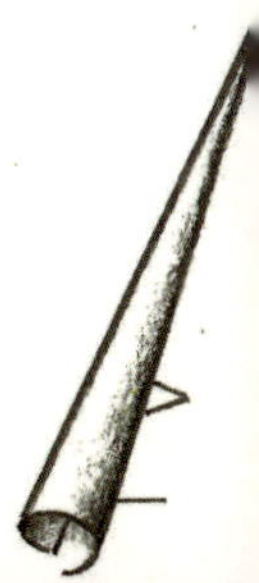

Es war einmal

Es war einmal und is(s)t nicht mehr
'ne Maus mit ihrem Teddybär.
Sie aß gern Käse, er aß Wurst,
am Ende hatten beide Durst.
Die Maus sprang in ein Glas mit Wein,
das war dem Teddybär zu klein.
Und weil die Maus ertrunken ist,
hat sie der Teddybär vermisst.

Ursprung
Es war einmal und ist nicht mehr
ein ausgestopfter Teddybär,
der trank stets Milch und aß auch Brot,
doch eines Tages war er tot.

Arme Maus

Daheim ist die Maus
auf den Ofen gekrochen,
hat die Pfote verbrannt,
ist gerutscht von der Wand,
hat den Finger verstaucht
und das Schwänzchen gebrochen.
Darum hat die Maus
schnell ein Pflaster gebraucht.

Ursprung

Daheim ist die Maus
auf den Ofen krochen,
hat den Finger verstaucht
und das Schwänzel brochen.

Das Holzbein

Lange war die Maus allein,
fehlte ihr das linke Bein.
Gestern ging sie Holzbein kaufen,
kann sie endlich wieder laufen.

Ursprung
nicht gefunden, selbst erfunden

Das Haus

Eine Laus
verschluckt ‘ne Maus.
Und die Maus
verschluckt ‘nen Strauß.
Und der Strauß
verschluckt ein Haus.

Doch dem Strauß
bekommt das Haus
und der Maus
bekommt der Strauß
und der Laus
bekommt die Maus
gar nicht gut, o Graus.
Spucken alles wieder aus.

Ursprung
Eine Maus
verschluckt ‘ne Laus
und spuckt sie wieder aus.

Dunkel war's

Dunkel war's, die Maus lief froh
aus Versehn aufs Katzenklo.

Dunkel war's, die Katz sprang fort
schaudernd von dem stillen Ort.

Ursprung
Dunkel war's, der Mond schien helle,
Schnee bedeckt die grüne Flur,
als ein Auto blitzeschnelle
langsam um die Ecke fuhr.
…

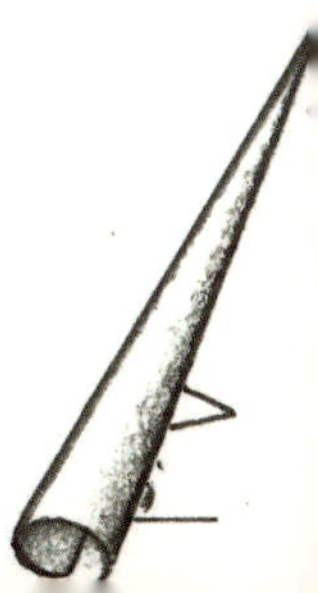

Frühstück

Jeden Morgen der Salat
schmeckt der Maus ein bisschen fad.

Erst mit Käse, Öl und Salz
rutscht er schön hinab den Hals.

Ursprung
nicht gefunden, selbst erfunden

Flohplage

In einem großen Haus
sitzt eine kleine Maus.
Aus den tiefen Mauerritzen
sieht sie lauter Flöhe flitzen.
Flitzen hin und flitzen her,
werden ständig immer mehr.
Kriegt sie‘s mit der Angst, die Maus,
springt ganz schnell zum Fenster raus.

<u>Ursprung</u>
Aus einem großen Haus
schaut eine kleine Maus.
Da sieht sie in den Ritzen
viele Ameisen flitzen.
Sie flitzen hin, sie flitzen her,
es werden immer mehr, immer mehr.

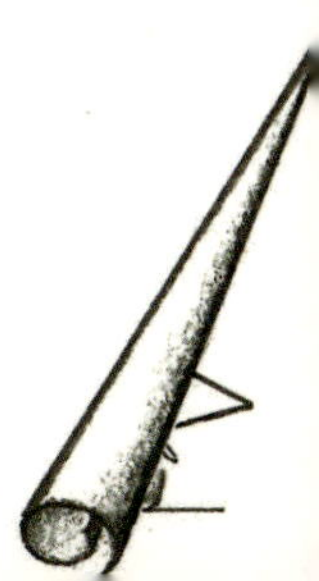

3

Eine kleine Maus rief an im Gartenhaus

Mausgedichte,
die ich mit anderen Kindern
erfunden habe

Applaus für Maus und Laus

Maus und Laus
hätten auch gern mal Applaus
oder einen Blumenstrauß,
doch sie gehen leer meist aus.

Jana und Ayren, 9 Jahre, Hamburg

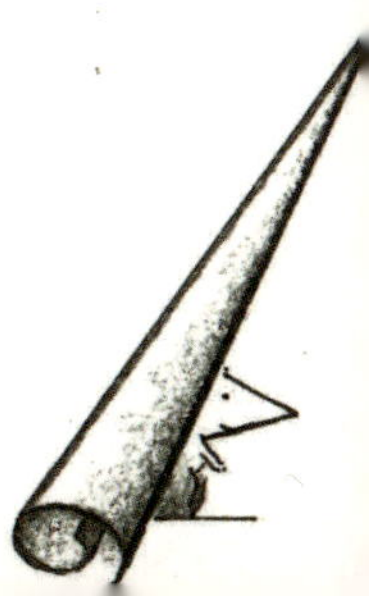

Die Reise der Maus

Die Maus macht eine Reise
und fliegt auf einer Meise.

Vom fremden Land, in das sie reist,
da weiß sie nicht mal, wie es heißt.

Ein großer Baum ist ihr Quartier.
Die Maus weiß gleich, sie mag es hier.

Ein Zimmer schön mit Meeresblick,
das ist doch wirklich super schick!

Doch auch der Kater Onkel Taps
entdeckt dort seinen Ruheplatz.

Zum Glück entfernt vom andern Gast,
damit kein Streit die zwei erfasst.

Zu Mittag geht die Maus ans Meer,
der Strandkorb ist echt ganz schön schwer!

Auch eine Sandburg baut sie fein
und setzt noch einen Krebs hinein.

Am Abend fliegt sie dann nach Haus.
Ein schöner Urlaub für die Maus.

Laura Depperschmidt, 10 Jahre,
Grundschule an der Graslitzer Straße,
Waldkraiburg, Klasse 4a

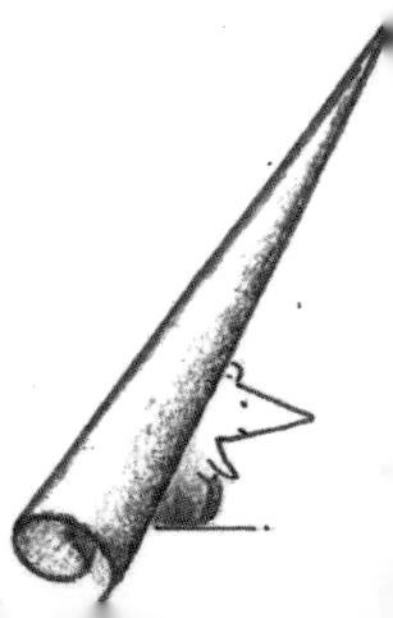

Sturmgebraus

Kleine Maus
ist nicht gern zu Haus,
reißt oft schnell mal aus.
Einmal doch – o Graus –
peitscht ein wildes Sturmgebraus
um das Haus der kleinen Maus.
Und die Wolken schwarz und kraus
sehn nach Blitz und Donner aus.
Schaut sie ängstlich nur hinaus
aus der Türe ihres Baus
und frisst lieber brav zu Haus
wohlig ihren Abendschmaus.

Nasrin A, 10 Jahre, Hamburg

Keine Maus im Haus

Bei mir zu Haus
wohnt keine Maus.

Das ärgert die Katze,
sie scharrt mit der Tatze.

Sie buckelt und knurrt,
sie maunzt und schnurrt.

Will Mäuse jagen,
im Maul rumtragen.

Sie rauft sich den Kopf,
reißt aus sich den Schopf.

Doch das Haus ist leer,
hier wohnt keiner mehr,

nur noch ich und die Katze
mit der traurigen Glatze.

Grundschule an der Graslitzer Straße,
Waldkraiburg, Klassen 4a/b

Verliebte Maus

Eine Maus verliebte sich in einen Spatz
und küsste ihn mit einem Schmatz.

Eine Maus verliebte sich in einen Hund
und küsste ihn auf seinen Mund.

Eine Maus verliebte sich in eine Schlange
und küsste sie auf ihre Wange.

Eine Maus verliebte sich in einen Pinguin
und küsste ihn werweißwohin.

Eine Maus verliebte sich in eine Kuh
und küsste sie auf ihren Schuh.

Eine Maus verliebte sich in einen Elefant
und küsste zärtlich seine Hand.

Eine Maus verliebte sich in eine andre Maus,
und küsste sie im ganzen Haus.

Eine Maus verliebte sich in eine Katze
und küsste sie auf ihre …

Halt! Das wär schrecklich ausgegangen,

weil Katzen so gern Mäuse fangen.

Deutsch-Skandinavische Gemeinschaftsschule,

Berlin, Klassen 1 und 2

Flitterflatterfledermaus

Die Flitterflatterfledermaus
fliegt flitterflatterfledernd raus
aus ihrem Flitterflatterhaus
zum Flitterflatterflederraum
im Flitterflatterflederbaum
und träumt den Flatterfledertraum.

Montessori-Grundschule, Neuruppin,
Klassen 5 und 6

Liebesgedicht

Eine Maus und ein Elefant,
die hielten sich an der Hand.

Eine Maus und ein Elefent,
die kuschelten ohne End.

Eine Maus und ein Elefint,
die wünschten sich beide ein Kind.

Eine Maus und ein Elefont,
die haben im Glück sich gesonnt.

Eine Maus und ein Elefunt,
die liebten sich Stund um Stund.

Doch es kam leider nichts bei heraus,
weder Mausfant noch Elemaus.

Feodor-Lynen-Gymnasium, Planegg,
Klassen 5b/5c

Ein rotes Erlebnis

Eine rote Spielzeugmaus
versteckte sich im Gartenhaus.
Ich fand die Maus,
zog sie am Schlüssel auf,
da jagte sie die Treppe rauf
und rannte in das Vorderhaus.
Mit uns kam auch noch eine Laus.
Die Laus, die war so schrecklich fett,
sie passte gar nicht in mein Bett.

Grundschule an der Beethovenstraße, Waldkraiburg, Klassen 4 und Grundschule an der Graslitzerstraße, Waldkraiburg, Klasse 4c

Mäuseschmaus

Einmal ging ich zur Maus.
Sie fragte: Hast du 'ne Laus?
Denn Läuse sind ein Mäuseschmaus.
Ich sagte: Na, klar.
Doch es war keine da.
Da sagte ich: Tja,
mal ganz ehrlich und wahr,
wozu braucht eine Maus
eine ganze Laus?"
Darauf sie:
Das verstehst du nie.
Nur eine ganze Laus
ist ein Superschmaus.

Da vorn eine Laus!,
rief plötzlich die Maus.
Hast du sie immer gekocht
oder lieber als Braten gemocht?
Hm, keine Ahnung, sagte die Maus.

Und ich: Lauf, du verpasst noch den Schmaus.
Doch die Maus fing die Laus
und hat sie gebraten
im Backautomaten.

Luana Asllani, 9 Jahre, Esslingen

Die Pipapo-Pirumpen

Die Pipapo-Pirumpen,
die bau'n ein Haus aus Klumpen.
Im Haus wohnt eine Laus,
da nehmen sie reißaus.
Im Haus wohnt eine Maus,
die schleckt die Teller aus.
Da werfen sie mit Quark,
das macht die Maus nur stark.
Da werfen sie mit Dreck
und rennen alle weg.

Katharina N., 9 Jahre, Herderschule, Esslingen –
nach einem Lied von Manfred Kindel

Leise

Leise fliegt eine Meise
fünf schöne weite Kreise.
Von oben sieht sie die weise
winzige Frau Ameise,
die geht mit Herrn Maus auf die Reise.

Da landet flatternd die Meise,
trippelt um Maus und Ameise
und schleicht sich an ganz leise.
Herr Meise schreit auf: Au weh!
und fällt beinah in den Schnee.

Simon Rock, 9 Jahre,
Deutsch-Skandinavische Gemeinschaftsschule,
Berlin, Klasse 3

Anruf

Eine kleine Maus
rief an im Gartenhaus:
Ist da die liebe Laus?
Komm doch ein bisschen raus.

Maja und Lenja, 9 Jahre,
München

So ein Mist

oder die kunterbunte Spielzeugmaus

Eine kleine Spielzeugmaus
verkroch sich still in einem Haus.

Ein Kater kam herbeistolziert
und war auf einmal sehr verwirrt.

Die kleine Maus rührte sich nicht.
Da zog der Kater ein Gesicht
und traute seinen Augen nicht.

Er stupste sie, doch sie blieb sitzen,
da kam der Kater schwer ins Schwitzen.

So etwas war noch nie passiert.
Die Maus war kunterbunt verziert.

Grundschule am Goetheplatz,
Waldkraiburg, Klassen 4

Und eine Maus ist weg

In unserem kleinen Häuschen
leben schrecklich viele Mäuschen.
Sie pfeifen und rappeln,
sie trippeln und trappeln
auf Bänken
und Schränken.
Da kommt die Katz, o Schreck –
und eine Maus ist weg.

Sara Krpan, 9 Jahre, Herderschule,
Esslingen, Klasse 4a

Der verlockende Käse

Als die Maus zu Hause saß
und ein bisschen Käse aß,
kam die Katze, lauf, lauf, lauf,
fing die Maus und fraß sie auf,
sah danach den Käse an,
den sie sich zum Nachtisch nahm.

Jasmin R., 10 Jahre, München

Die Maus, die ihren Namen verlor

Eine Maus sah eine Schlange.
Sie hatte große Bange,
ihr stahl das S die Schlange.

Die Mau traf eine Kuh,
die Kuh, die brüllte Muh
und nahm der Mau das U.

Als die Katz die Ma sah,
da sagte sie leise hahaha
und klaute ihr blitzschnell das A.

Die M, die wurde ganz plemplem.
Ein Mann mit Namen Sam,
der klaute ihr auch noch das M.

Nun hatte sie keinen Namen mehr,
da wurde ihr das Herz ganz schwer.
Sie fühlte sich so arm und leer.

Da zog sie fort aus ihrem Haus,
lief in die weite Welt hinaus,
und suchte eine andre Maus.

Und so geht das Gedicht der Maus
vielleicht ja doch noch glücklich aus.

Montessori-Grundschule, Neuruppin,
Klasse 4

Die Maus und der Klaus

Die Maus saust durchs Haus
und sucht nach dem Klaus.
Der Klaus ist 'ne Laus.
Sie brausen hinaus,
machen Mittagspaus'.
In sein Versteck saust der Klaus
und holt für die Maus
einen Blumenstrauß raus.
"Was für ein schöner Strauß",
sagt die Maus.
Und das Gedicht von der Maus
und von Klaus, der Laus
ist jetzt aus.

Marlen Friederika und Maja Christin, 10 Jahre,
Kusselbergschule, Detmold, Klasse 4b

Mein Kartenhaus

Karten hier, Karten da,
überall, wo ich war,
war ich allein.
Stehe hier,
bau aus Karten
mein Quartier.
Eine Maus zieht mit ein,
freut sich sehr
im Kartenmeer,
spielt im Garten
mit mir.

Benedikt B., 9 Jahre, Esslingen

Mäuseangriff

Mäuse huschen durch mein Zimmer.
Was sie wollen? Keinen Schimmer!

Mäuse flitzen übers Bett,
trippeln über mein Parkett.

Klettern hoch am Kleiderschrank,
springen auf die Fensterbank.

Jagen über Tisch und Stuhl,
machen Salto supercool.

Springen weiter jedes Mal,
purzeln runter vom Regal.

Landen lautlos auf dem Teppich,
Ruhe endlich … und jetzt schlaf ich.

Deutsch-Skandinavische Gemeinschaftsschule,
Berlin, Klasse 3

Die Laus im Haus

Es war einmal eine Maus,
die lebte in einem Haus.
Manchmal besuchte sie ein Strauß,
der kam sogar in ihr Haus.
Auf seinem Kopf saß ‘ne Laus,
die fühlte sich wohl bei der Maus.
Sie blieb bei ihr im Haus
und klatschte vor Freude Applaus.

Antea Krajina,10 Jahre, Herderschule,
Esslingen, Klasse 4c

Oder ein bisschen abgewandelt:

Es war einmal eine Maus,
die lebte in einem Haus.
Einmal besuchte sie ein Strauß,
der kam sogar bis ins Haus.
Auf seinem Kopf saß ‘ne Laus,
die fühlte sich wohl bei der Maus
und blieb bei ihr, o Graus.
Da nahm die Maus Reißaus.

Oder ganz anders und viel, viel länger:

Es war einmal eine Maus,
die besuchte ein Vogel Strauß.
Der Strauß kam sogar in ihr Haus,
schenkte ihr einen Blumenstrauß,
doch er trug auf dem Kopf eine Laus.

Die Laus fand es schön in dem Haus
und verliebte sich in die Maus.
Sie sagte: Nie geh ich hier wieder raus!
und sprang aus den Federn vom Strauß
mitten ins Fell der Maus.

Aus Liebe saugte die Laus
ihr das Blut aus den Adern heraus.
Doch die Maus hielt die Liebe der Laus
keinen einzigen Tag lang aus.
Sie schimpfte laut mit dem Strauß:

„Wen schleppst du mir da ins Haus?
Ich mag bei mir keine Laus!
Nimm deinen Blumenstrauß
und verschwinde von hier, o Graus,
mit deiner blutsaugenden Laus.“

Da zog ganz traurig der Strauß
die Laus aus dem Mausfell heraus,
und war schon fast aus dem Haus,
da gab zum Dank schnell die Maus
einen Kuss ihrem Freund, dem Strauß.

Neue Freundschaft

Es war einmal eine Maus,
die lief in ein fremdes Haus.
Die Maus war durstig und hungrig,
doch leider auch ziemlich rundlich.

Sie saß in der Falle
und spürt' schon die Kralle.
Wer kam da in schnellem Lauf?
Sie riss ihre Augen weit auf.

Und staunte mit offenem Mund,
denn vor ihr stand ein dicker Hund,
der half der rundlichen Maus
aus dem kleinen und engen Haus.

Die beiden mochten sich sehr,
jeden Tag noch ein bisschen mehr.
Die zwei wurden kugelrund,
die Maus und der dicke Hund.

Lea C. und Suri S., 9 Jahre,
Esslingen

Die kleine Aufziehmaus

Eine kleine Aufziehmaus
lag allein im Hinterhaus.

Keiner kam zu ihr,
nicht ein einziges Tier.

Nicht der brüllende Löwe,
nicht die kreischende Möwe.
Nicht die große Giraffe,
nicht der Bananen schlingende Affe.
Nicht die kleine Laus,
nicht die echte Maus.

Keiner kam zu ihr,
auch kein anderes Tier.

Nicht der zitternde Aal
oder der blaue Wal.
Weder der schöne Buntspecht
noch der flinke Seehecht.
Nicht der süße Dingo,
nicht der rosarote Flamingo.

Keiner kam zu ihr,
wirklich gar kein Tier.

Weder der schwarze Panther
noch der weiße Ganter.
Nicht die lila gefleckte Kuh
oder das strubblige Gnu.
Nicht das höckrige Känguru,
auch kein flatternder Kakadu.

Keiner kam zu ihr,
überhaupt kein Tier.

Nicht der alte Geier,
nicht der graue Reiher.
Nicht der rote Fuchs,
nicht der gelbe Luchs.
Nicht der große Beagle
oder der stachlige Igel.

Keiner kam zu ihr.
Niemand, kein einziges Tier.

Nicht der knatternde Delfin,
nicht der klappernde Pinguin.
Nicht der wildgewordene Stier,
nicht das müde Murmeltier.
Weder der hungrige Pelikan
noch der eitle Goldfasan.

Niemand kam zu ihr.
Nein, nicht ein Tier.

Auch nicht die bockige Ziege
oder die nervige Fliege.
Weder die fauchende Katz
noch der piepsdumme Spatz.
Nicht der orangerote Lachs
noch der diebische Dachs.

Nur der kleine Klaus,
der fand sie im Hinterhaus.
Er sah das Aufziehtier
und nahm es mit um vier.

Elise Winter, 10 Jahre, Montessori-Grundschule, Neuruppin, Klasse 4

Verrückte Maus

Ich bin eine sehr verrückte Maus,
bitte küss mich aus dem Haus.
Aus dem Haus geküsst zu werden
ist schöner als auf Pferden.
Auf Pferden geküsst zu werden
ist schöner als von Herden.
Von Herden geküsst zu werden
ist schöner als auf Bergen.
Auf Bergen geküsst zu werden
ist schöner als von Zwergen.
Von Zwergen geküsst zu werden
ist schöner als mit Scherben.
Mit Scherben geküsst zu werden
ist schöner als auf Erbsen.
Ich bin eine sehr verrückte Maus,
bitte küss mich aus dem Haus.

Laura W., 9 Jahre, Herderschule,
Esslingen, Klasse 4b

Die erfundene Maus

Es war einmal ein großer Elefant,
der eine Minimaus erfand.
Doch als sie ganz klein bei ihm stand,
hat er die Maus gar nicht erkannt.
Das fand sie wirklich allerhand
und ist blitzschnell davongerannt.
Da ist der große Elefant
der Maus gefolgt, die er erfand.
Er lief zum Meer, er lief zum Strand,
er rüsselte im Dünensand.
Doch wo er ging und wo er stand,
im Wasser oder auch an Land –
der arme Elefant, er fand
die Maus nicht mehr, die er erfand.
Darauf verlor er den Verstand.

Leon B., 10 Jahre, Hamburg

Das Pferd

Es war einmal ein Pferd, das war allein,
doch wollt es das nicht sein.
Es ging zur Maus und fragt‘ ganz fein:
„Darf ich ein bisschen bei dir sein?
Ach bitte, sag nicht nein,
ich bin doch so allein.“

Die Maus, die sagte: „Ja, na klar,
komm rein und fühl dich wie daheim.
Wie wär’s, wenn ich was koch?“
Die Maus, die passte locker rein,
doch für das Pferd, da war ihr Mauseloch
natürlich viel zu klein.

Das Pferd ging traurig heim
und sagte sich: „O nein,
könnt doch das Loch
ein bisschen größer sein,
dann passte ich zur Maus hinein.
Das wäre fein!“

Sarah Knupfer, 9 Jahre, Herderschule,
Esslingen, Klasse 4b

4

Die Maus, die baut ein Wichtlicht für ihren Freund, den Lichtwicht

Mausgedichte
zum Neu- und Weiterdichten

Die Lieblingsspeise der Mäuse

Essen Mäuse Gummibären
oder lieber Hummerscheren?

Knabbern Mäuse Schinkenspeck
oder eher Katzendreck?

Stehen sie auf Brokkoli
oder mehr auf English Tea?

Wollen Mäuse Sauerkraut
oder lieber Wurst mit Haut?

Mögen Mäuse Katzenfutter
oder eher Erdnussbutter?

Lieben Mäuse Marzipan
oder mehr den Lebertran?

Nein, am liebsten ist den Mäusen
Käse mit garnierten Läusen.

Schwer zu entscheiden, was Mäuse lieber essen. Aber Gummibären oder Sauerkraut? Ich weiß nicht, doch gut reimen kann man mit vielen Sachen zum Essen. Fällt dir was ein, das auf „Erbspüree“ oder „Weizenbrot“ reimt? „Eis“ und „Reis“ geht gut, aber auch „Hühnerschenkel“ und „Turnschuhsenkel“? Wer weiß, ob nicht Mäuse auf muffige Turnschuhe stehen und lieber an denen herumknabbern als an Hühnerfleisch. Im Gedicht ist alles möglich. Je ungewöhnlicher dein Einfall, desto besser.

Der Bergzwerg

Ein winzig kleiner Bergzwerg,
der sitzt auf einem Zwergberg.

Er wohnt in einem Maushaus
zu zweit mit einer Hausmaus.

Die Maus, die baut ein Wichtlicht
für ihren Freund, den Lichtwicht.

Doch mag der Zwerg das Licht nicht,
hockt lieber still im Nichtlicht.

Er kocht der Maus zum Spaß Gras
und denkt, das wird ein Grasspaß.

Die Maus will aber Kraftsaft,
der gibt ihr super Saftkraft.

Der Zwerg, der sammelt Teeklee
und macht im Dunkeln Kleetee.

Die Maus steht mehr auf Fruchtwucht
und möchte eine Wuchtfrucht.

Der Zwerg erfüllt den Punschwunsch
und braut ihr ihren Wunschpunsch.

Er kippt noch etwas Wein rein
vom allerbesten Rheinwein.

Dann trinkt er ihn im Maushaus
zu zweit mit seiner Hausmaus,

der winzig kleine Bergzwerg
im Dunkeln auf dem Zwergberg.

Es gibt noch viele andere Spiegelwörter. Hier sind ein paar schöne: Dreckeck - Eckdreck; Speckfleck - Fleckspeck; Spuckschluck - Schluckspuck usw. Diese Wörter reimen beim Umkehren. Aber man kann auch andere Wörter umdrehen, die aus zwei Teilen bestehen, zum Beispiel „Lastwagen“ zu „Wagenlast“ oder „Schattenhaus“ zu „Hausschatten“. Man kann auch die Teile von drei oder mehr Wörtern untereinander tauschen. Fang mal mit Buchfink, Eisbär und Rotbarsch an. Und dann such weiter. Das wird ein verrücktes Zoo-Gedicht.

Die hungrige Maus

Eine Maus
lief ins Haus,

fand im Keller
nur ‘nen Teller,

fand im Schrank
nur eine Bank,

an der Wand
nur ein Band,

auf dem Klo
nur ‘nen Floh,

fand im Bett
nur ein Skelett,

fand im Herd
nur ein Schwert

und im Flur
nur eine Uhr,

fand am Fenster
nur Gespenster,

und im Topf
nur einen Knopf.

Da lief die Maus
schnell hinaus,

suchte aus
das nächste Haus.

Und die Maus
lief ins Haus,

fand im Keller
nur 'nen Teller,

fand im Schrank
nur eine Bank,

an der Wand
nur ein Band,

…
…

fand am Fenster
nur Gespenster,

und im Topf
nur einen Knopf.

Da lief die Maus
schnell hinaus,

suchte aus
das nächste Haus.

Und die Maus
lief ins Haus,

fand im Keller
nur ‘nen Teller,

fand im Schrank
nur eine Bank,

an der Wand
nur ein Band,

…
…

fand am Fenster
nur Gespenster,

und im Topf
nur einen Knopf.

Da lief die Maus
schnell hinaus,

suchte aus
das nächste Haus.

…
…

Erst im Haus
von der Therese

fand die Maus
ein Stückchen Käse.

Bei diesem Gedicht kannst du auf verschiedene Weisen weiterdichten. Vielleicht fällt dir ja noch mehr ein, was die arme Maus nicht satt macht, aber reimt. Oder du erfindest einen anderen Schluss für das scheinbar endlose Kettengedicht. Es gibt ja schließlich noch mehr Reimwörter als „Therese" und „Käse". Hier noch ein Vorschlag: „Erst im Haus / von Anton Schleck / sah die Maus / 'nen Schinkenspeck." Oder vielleicht hast du noch eine ganz andere Idee für den Schluss des Gedichts.

Buchstabensalat mit Maus

Schorschis Schabe schrubbt schlaff schweren
Schokoschaden.
Monis Maus melkt mickrig müde Mondscheinmaden.
Felix‘ Floh verfusselt feinen Fummelfaden.
Willis Wanze wirbelt warme Wickelwaden.
Lenis Laus lutscht laut Lackritz im Lolliladen.

So einen Buchstabensalat kann man natürlich auch mit anderen Lauten anrichten. Wichtig ist, dass ganz viele Wörter mit demselben Anfangsbuchstaben in einer Zeile stehen. Je verrückter die Wörter sind, desto komischer wird die Zeile. Am schönsten klingt es, wenn die Zeilen alle den gleichen Rhythmus von betont und unbetont haben: „MOnis MAUS melkt MÜde MONDscheinMAden. Versuch’s mal. Und wenn sich dann noch die Zeilen reimen, dann ist dein Gedicht perfekt.

Es war einmal

Es war einmal ein Mäuserich,
der liebte einen Kätzerich.

Dem Kätzerich gefiel das nich‘,
er fand den Mäusrich schauerlich
und liebte nur den Hünderich.

Dem Hünderich gefiel das nich‘,
er fand den Kätzrich fürchterlich
und liebte nur den Häserich.

Dem Häserich gefiel das nich‘,
er fand den Hündrich gruselig
und liebte nur den Mäuserich.

Der Mäuserich, der schämte sich,

er fand sie alle ekelig.

Für ihn gab's nur den Kätzerich.

Dieses Gedicht kann man natürlich noch mit vielen anderen Tieren erweitern. Einen Füchserich oder Wölferich, einen Giräfferich oder Löwerich gibt es so wenig wie einen Häserich oder Hünderich. Doch wir können sie aus Spaß ja mal so nennen, schließlich sagt man auch Mäuserich oder Gänserich. Du kannst außerdem auch noch andere Wörter für „schauerlich" nehmen oder gar selbst erfinden. „Widerlich" und „nickelig" kennst du vielleicht. Schön klingen jedoch auch „igitterich", „schreckerlich" usw. Fällt dir noch mehr ein?

Falsche Reime

Die Katze will gern ein Gedicht,
doch reimen ihre Verse … schlecht.

Da fragt sie an beim weisen Schaf,
das blökt die Reime wie im … Traum.

Da fragt sie nach beim klugen Pferd,
das wiehert Reime nie … daneben.

Da fragt sie auch den schlauen Hund,
der bellt gereimt zu jeder … Minute.

Da fragt sie die gescheite Kuh,
die muht sonst Reime … ohne End‘.

Am Schluss, da geht sie zu der Maus,
doch die reimt nie und reißt schnell aus.

Jedes Mal das falsche Reimwort. Dabei liegt dir das richtige auf der Zunge. Das aber ist ja der Spaß. Willst du auch mal falsch reimen? Am besten, du reimst erst richtig und ersetzt dann das zweite Reimwort durch etwas, das zwar von der Sache her passt, aber kein bisschen reimt: „Da fragt die Maus den alten Bär, dem fällt das Reimen gar nicht …“ Und wenn du jetzt das Gegenteil des Reimworts hinschreibst, dann steht da? Vielleicht fällt dir ja noch mehr ein.

Das Gedicht in der Maus

Wenn eine Straße eilig über die Maus rennt
und ein Stuhl leise auf einer Katze pennt,
wenn die Ecke mit Schwung um ein Pferd biegt
und der Himmel steil in die Möwe fliegt,
wenn die Flucht vor Schreck den Hasen ergreift
und der Strand aus Versehen den Hering streift,
wenn der Knochen knirschend am Hund nagt,
die schwirrende Kuh einen Mückenschwarm plagt,
dann ist der Kopf auf die Erde gestellt,
was dem Gedicht in der Maus sehr gut gefällt.

In diesem Gedicht steht die Welt auf dem Kopf. Eine Straße, die eilig über eine Maus rennt? Ein Knochen, der knirschend am Hund nagt? Das geht doch nicht – außer im Gedicht. Mit Wörtern kann man sich eine ganz neue und andere Welt schaffen und sich alles vorstellen, auch das, was es in Wirklichkeit gar nicht gibt. Versuch doch selbst mal, die Welt auf den Kopf zu stellen. Zum Beispiel mit einem Satz, in dem du „Hase“ und „Köttel“ vertauschst. Und wenn dann deine Sätze noch reimen, dann bist du genial.

Ängstlich

Ängstlich stand auf einer Leiter
ohne Sprossen eine Maus,
schwang die Arme froh und heiter
und die Beine hoch hinaus.

Schließlich zog sie noch ‘ne Feder
aus dem Ringelschwanz sich raus,
spannte an die Füße Räder
und schwamm durch die Luft nach Haus.

Was ist denn das? Wie kann man denn auf einer Leiter ohne Sprossen stehen? Schon wieder verkehrte Welt. Kennst du das Gedicht „Dunkel war's, der Mond schien helle“? (Schau mal auf Seite 115 im Buch.) Da geht es die ganze Zeit so. Alles widerspricht sich. Es ist ein Gedicht, das über Jahrhunderte immer weiter geschrieben wurde. Und du kannst auch mitmachen, so wie ich mit meinen beiden Strophen. Du musst nur den Zeilenrhythmus halten: ÄNGSTlich STAND auf EIner LEIter / OHne SPROSsen EIne MAUS. Vielleicht schaffen wir dann die längste Fassung der Welt.

Mäusew8

Was hat die Maus um 8 gem8?
Sie hat die Laus nach Haus gebr8.
Doch hat die Laus nicht dran ged8:
Ihr war die Haustür zugekr8,
das hat das Schloss kaputt gem8.
Nun fand sie keinen Kellersch8,
durch den sie kam in dunkler N8.
Da hat die Maus kurz aufgel8:
Ich schieb doch hier nicht Stunden W8,
das kommt ja gar nicht in Betr8.
Ich nehme dich als Rückenfr8
und bringe dich ganz still und s8
zu mir in meine Mäusepr8.
So sprach die Maus mit aller M8,
sie hatte Hunger, richtig Schm8,
und hat die Laus zu sich gebr8.
Dort schliefen sie bis früh um 8.

Was ist denn das für eine komische Überschrift? Und alle Zeilen des Gedichts enden auch so unaussprechlich. Aber nein, das stimmt ja gar nicht. Du musst nur überall, wo eine 8 steht, die Zahl 8 in Buchstaben ausschreiben: acht. Dann macht alles Sinn. Leider geht dieses Spiel nicht so gut mit anderen Zahlen. Aber vielleicht fällt dir noch ein neues Gedicht mit lauter 8en ein. Du kannst ja mal drauf 8en, wo überall die 8 aus deinen Wörtern l8. Wenn du die 8-Wörter nicht an den Schluss jeder Zeile stellst, gibt es noch viel mehr Möglichkeiten. Und wenn du es doch mit anderen Zahlen versuchen willst, dann ergeben sich total verrückte Wortspiele, zum Beispiel: "Die Poli2 macht Keile3 Klingt auch gut.

Eine Maus in Stade

Es war eine Maus in Stade,
die lag in einer Schublade.
Die Lade war leer,
das wurmte sie sehr.
Sie aß so gern Marmelade.

Eine Maus in Essen

Es war eine Maus in Essen,
die hat alles aufgefressen,
die Häuser, die Bäume
und Gartenzäune.
Jetzt kannst du die Stadt vergessen.

Solche Gedichte heißen Limerick. In der ersten Zeile steht immer eine Stadt und die zweite und die letzte Zeile reimen auf die Stadt. Diese drei Zeilen haben alle den gleichen Rhythmus mit 3 betonten Silben wie in „Es WAR eine MAUS in STAde“, während die dritte und die vierte Zeile nur 2 betonte Silben haben: „die LAde war LEER“. Auch diese beiden Zeilen reimen. Und schon ist der Nonsens perfekt. Versuch‘s doch mal mit: „Es war ein Mädchen in Oslo, das suchte verzweifelt ein Plumpsklo …“ oder „Es war mal ein Schreiner in Bochum, der sägte die ganze Stadt um …“

5

Diese Krümel schleppt die Maus in der Nacht noch in ihr Haus

Mausgedichte,
die bekannte Dichter
für das Buch geschrieben
haben

Mausegedicht

Mausevater?

Frisst der Kater.

Mausemutter?

Katzenfutter.

Mausekind?

Flitzt weg geschwind!

Michael Augustin

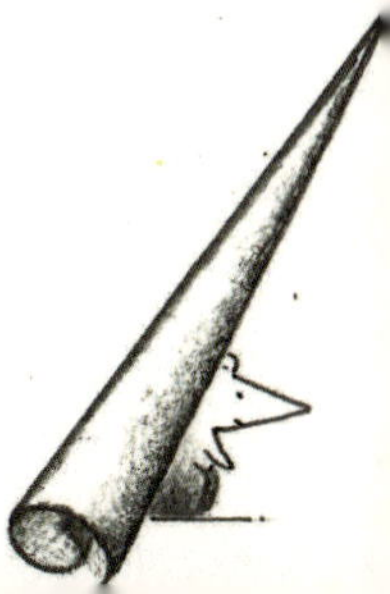

Regenmärchen

An einem Regentag
in einem Haus aus Regen
sah ich die Regenmaus
sich mäuschenflink bewegen.

Sie knabberte ganz leis
an einem Regenkäse;
ihr Schnäuzchen glänzte weiß.
Sie fragte mich, ob ich
gern Regenmärchen lese.

Ich sagte: „Ja."
Sie sagte: „Fein –
ich lad dich auf ein Märchen ein.
Auf dieses hier!"
Dann gab sie mir
von ihrem Regenkäs ein Loch.
Glaubt ihr mir noch?

Georg Bydlinski

Die Computermaus

Eine Maus hing an ihrem Computer,
doch der funkte nur mit dem Router.
Die Maus, die rief das Keyboard an,
ob es für sie was schreiben kann.
Da schrieb das Keyboard für die Maus:
„Computer, ohne dich komm ich nicht aus!"
Und der Computer schickte das Signal:
Ach, Maus, du bist mir nicht egal.
Ich brauche dich doch jedes Mal!"

Uwe-Michael Gutzschhahn

eine maus?

eine maus?
ich soll wissen
was eine maus
ist?
ich habe noch
keine gesehen
höchstens irgend-
wo im vorbei-
flitzen beim
unter dem tisch
sitzen beim kritzeln
vielleicht dass da
eine mich irgendwie
streift aber mehr?
von mäusen?
und wenn ich
selbst eine wär
und jetzt wüsst
ich selber gerne
sehr genau
wie warum wann

wie alt von wo wie
schnell wie nett
wie frech wie
was ja was
das für eine ist
und ob sie aus
der hand mir
frisst? gewiss
eine maus
nicht uninteressant
nur: wann kommt
eine hergerannt
damit man sie sehen
und mit ihr reden
kann, ach es
ist schwer mit
so mäusen, da
schau ich mich
im spiegel an
und finde mein
gesicht so
witzich
spitz-ich

ich bin
doch keine
maus sag
ich mir dann
ich sehe nur
so aus
ein kleines
bisschen
zisch und weg
von mäusen
mehr zu wissen
das wär nett.

Michael Hammerschmid

Der Mäuserich

Der Mäuserich Fernando Richter
hielt sich für einen grossen Dichter.

Wenn ihm ein kleiner Reim gelang
Dann freute er sich stundenlang.

Auf Zwerg ging Berg, auf Frau ging Au!
Auf Baum ging Traum, auf blau ging schlau.

Fröhlich schrieb er alles auf
Doch dann stockte ihm der Schnauf –

Was zum Kuckuck ging auf Katze?
Erst als sie zuschlug, rief er: "Tatze!"

Ach, das ist aber ein schlimmer Schluss!
Ihr hättet gern einen weniger traurigen?
Also gut, hängen wir noch einen Vers an:

Die Katze lachte: "Ei ei ei!"
Und liess den Dichter wieder frei.

Zufrieden? Nicht ganz?

Oder wie wär's mit:

Die Katze staunt, er rennt ins Loch
So nützt das Dichten eben doch!

Auch nicht?

Dann schreibt einfach selbst einen Schluss,
der euch gefällt. Viel Spass!

Franz Hohler

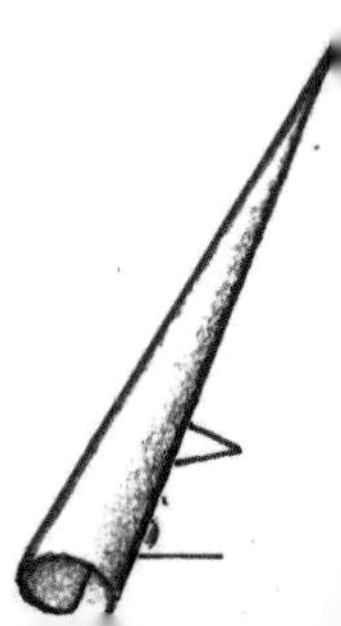

Es reimt sich nichts auf *Maus*

Einmal, im Oktober ungefähr,
innerhalb des Blumenladens „Flair“,
kaufte eine leicht verliebte Maus
einen schönen roten Rosenkohl.

Später, im Dezember ungeführ,
stellte sie den Stiefel vor die Tür.
Klarer Fall: die kleine, graue Maus
tat es einzig für den Niko Schmidt.

Oft, wenn draußen Frühlingsregen fiel,
wenig, mittel oder richtig viel,
traf beim Morgensport besagte Maus
eine Schnecke ohne Schneckenheim.

Hin und wieder aß sie auch sehr gern
einen weichgekochten Mandelkern.
Mandelkerne waren für die Maus
ein zutiefst geliebter Festtagsschmatz.

Überhaupt: das Tier war ziemlich reich,
reicher als ein reicher Scheich vielleicht.
Ehrlich, diese nicht so große Maus
lebte jeden Tag in Saus und Prunk.

Niemals aber und an keinem Ort
reimte sich das allerkleinste Wort
auf das grau gepelzte Wörtchen *Maus*,
drum ist dieses Mausgedicht jetzt um.

Susan Kreller

Die schlaue Maus

Kaum, dass der Dezember startet,
sitzt die Maus im Loch und wartet
ungeduldig auf das Fest.
Und man fragt sich, was der Grund ist,
der die Maus so warten lässt?

Weihnachtsbaum und Lichterglanz
sind der Maus egal.
Glockenklang und Chorgesang
sind es allemal.
An Christbaumkugeln und Lametta
hat sie kein Interesse,
so wenig, wie am Nikolaus
und an der Weihnachtsmesse.

Warum wartet dann die Maus
auf das nächste Weihnachtsfest?

Weil man von den Weihnachtsplätzchen
immer Krümel fallen lässt.
Diese Krümel schleppt die Maus
in der Nacht noch in ihr Haus.
Am Morgen ist das Staunen groß:
Der Teppich ist ja Krümel-los!

Paul Maar

zwar herrscht das hausmausklausverbot

doch hinter dem häuschen
vom schlafenden kläuschen
da schleichen zwei mäuschen
ballen die fäustchen
und nehmen reißäuschen

Arne Rautenberg

Die Spitzmauskinder

Wenn die Spitzmauskinder die Ohren spitzen,
sieht man zwei Kater am Küchentisch sitzen.
Der eine hält schon das scharfe Messer,
er ist ein berüchtigter Mäusefresser.
Der andere blinzelt, Gesicht zur Wand,
ihm sind alle Mausverstecke bekannt.

Die Spitzmauskinder sind noch sehr klein,
sie drücken sich in den Mauerritz rein.
Sie hoffen, sie werden übersehen
und müssen heut nicht in die Ewigkeit gehen.

Das wäre ein Weg durch die finsterste Nacht,
hat Tante Ottilie noch gestern gesagt.
Nun mach die Kinder nicht ängstlich und bang,
der Weg ist für Kinderbeine zu lang.

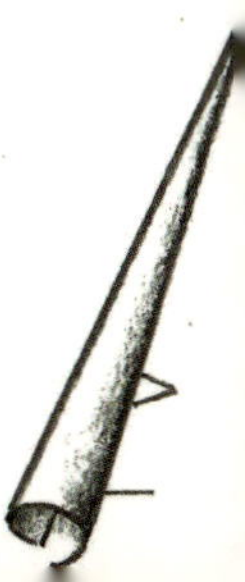

Opa Pawel mit gelben Zähnen
wackelt vorbei und fängt an zu gähnen:
Nur alte Mäuse kommen dorthin.
Kinder, die Tante ist wirr im Sinn.
Doch das war gestern und heute ist jetzt,
ein Kater hat schon die Krallen gewetzt.

Da ruft's aus der Mauer: Haltet ein.
Wollt ihr denn Spitzmausfresser sein?
Die Kater fangen jetzt an zu schnaufen.
Spitzmäuse? Iiih, die lassen wir laufen.
Spitzmäuse schmecken ganz ekelhaft
nach Käferpanzer und Larvensaft.

Wenn die Spitzmauskinder die Ohren spitzen,
bleiben die Kater am Küchentisch sitzen,
warten auf Mäuse, die Käse fressen,
denn die schmecken lecker –
ein Sonntagsessen.

Jutta Richter

Die gute Tat

Der Wal schwimmt auf dem Meer,
die Maus schwimmt hinterher.

Nach einundfünfzig Kilometern
beginnt das Mäuschen wild zu zetern,

denn siedend heiß fällt ihm was ein:
Es hat gar keinen Freischwimmschein!

„Hilf mir doch!“, ruft es in Not,
„und male mir ein Rettungsboot.“

„Na gut“, sag ich, „weil du es bist
und weil der Schluss so schöner ist.“

Manfred Schlüter

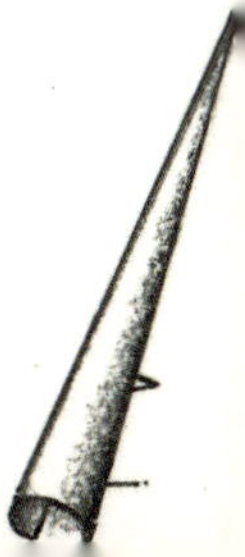

Nachwort zur Idee des Buches

„Ich will spielen, spielen, spielen“, sagte die Maus und begann, ihre Welt aus Wörtern und Sätzen zusammenzubauen, die sie sich ausdachte.

Mit den Wörtern kann man – als Kind und als Dichter – eine eigene Welt erschaffen, in der man Maus ist und von Katern bedroht wird oder eben nicht bedroht wird, so wie die Spitzmäuse in Jutta Richters gleichnamigen Gedicht (vgl. S 105). Spitzmäuse machen sich durch das, was sie fressen – Käferpanzer und Larvensaft – zu einer wenig verlockenden Katzenspeise. So wie die Spitzmäuse hat auch die Maus, die so gerne spielen will, ihren Panzer gebaut: indem sie den Raben, Katzen und Hunden wunderliche Eigenschaften zudichtet. Aus den Wörtern, die sie erfindet, entstehen lustige Bilder, die alle Angst vergessen machen, weil plötzlich „Raben traben“, „Katzen herumschleichen mit Glatze“ und „die Hunde kugelrund“ sind. Fantasie ist ein guter Schutz, um zu überleben und frohen Mutes auf kindliche Entdeckungsreise zu gehen.

Ich weiß nur noch von ungefähr, warum ich als Kind immer wieder Mäuse in mein kleines Gedichte-Reich aufnahm, das ich mir selbst ersann. Meine Mutter erzählte mir, dass ich als Acht- bis Zehnjähriger gern irgendwelche alten Kleinkindverse, Abzählreime u. ä. nahm und aus ihnen veränderte, eigene Gedichte schuf. Ich erinnere mich, dass immer wieder Mäuse in diesen Texten vorkamen, auch wenn meine Mutter leider nie diese kleinen Eigenschöpfungen von mir aufgeschrieben hat. Es gab nichts mehr davon und so musste ich mich erinnern, alte Volksgut-Verse nachschlagen, mir wieder und wieder vorsprechen und horchen, wo ich mich verhakte und plötzlich eine andere Zeile hörte, die sich tief im Schlummergedächtnis meiner Kindheit eingenistet hatte.

Es hat lange gedauert, bis ich eine kleine Sammlung aufbauen konnte und ich weiß natürlich nicht, ob ich an allen Stellen genau das Wort hörte, das ich als Kind benutzt hatte, oder vielleicht unwissentlich als Erwachsener im Detail etwas verändert habe. Aber die Reime waren eine nützliche Hilfe; an ihnen konnte ich mich tastend und horchend entlang hangeln. Und so glaube ich fest, dass das Meiste, was ich aus meiner Kindheit an Gedichten wiedergefunden habe, damals wirklich so und kaum anders klang.

Weil das Spielen mit Lauten, Wörtern und Bildern nicht nur mir damals völlig natürlich war, sondern dies auch für heutige Kinder gilt und erst mit 12, 13 Jahren von allen möglichen Seiten nahezu restlos unterdrückt wird, kam mir bei meinen Lesungen und Workshops in Schulen und Büchereien irgendwann der Gedanke, einen kleinen Baustein aus meiner „Dichter-Kindheit“ als einzige Vorgabe zu verlangen, wenn ich mit Schülern Gedichte entwickle: die Maus. Ich hätte natürlich auch ein anderes Wort wählen können, aber die Maus war nun mal da.

Und die Maus ist ein ziemlich frei nutzbares Wort, denn wer hat schon eine echte Maus zu Haus? Man kann die Maus groß und klein machen, sie sowohl mit der Laus als auch mit dem Strauß spielen lassen. Und als mir klar wurde, dass das Poesie-Projekt aus den Workshops und privaten Kinderkontakten in dieses Buch münden könnte, wollte ich zeigen, wie vielfältig sich die Welt einer Maus im Gedicht ausdrücken kann.

Der Dichter Arne Rautenberg hat einmal das Hausklausmaus-Verbot ausgesprochen (vgl. auch das Gedicht auf S. 104), weil sich die Möglichkeiten der erfindbaren Geschichten im Gedicht, das auf „Maus“ reimen soll, sehr schnell erschöpfen. Und doch glaube ich, dass Kinder auch das erleben müssen. Es macht Spaß, mit den wenigen und leicht überschaubaren Möglichkeiten der Reim-Maus zu spielen, bis irgendwann dieser Spaß nicht weiterführt. Erst dann öffnet sich die nächste Tür, hinter der man sieht: Ich kann ja die Maus auch an andere Stellen im Satz schieben und mit anderen Wörtern reimen, dann ergeben sich plötzlich völlig neue Lebensräume für meine bedichtete Maus.

Katharina – ein Mädchen aus der Herder-Grundschule in Esslingen – die Schule hat viel an Gedichten zu dem Buch beigetragen – kannte ein Lied von Manfred Kindel mit dem Titel „Die Pipapo-Piraten" und hat, als ich die Klasse zum Maus-Dichten aufforderte, aus der Melodie dieses Textes etwas Neues geschaffen – eine vierte Strophe oder ein eigenes Gedicht, das ist ganz egal (vgl. S. 40). Sie hat das gemacht, was ich als Kind auch tat, nämlich fremde Texte benutzt, um Eigenes zu dichten. Ähnlich war es mit Laura, die bei meiner Lesung in Esslingen ein Gedicht von mir hörte – es heißt „Verträumter Hund"* – und dieses als Grundmuster für ihre eigene Erfindung nutzte, in der die Maus, die in meinem Gedicht überhaupt nicht vorkommt, ein sehr eigenes, um nicht zu sagen eigenwilliges Leben bekommt. Es ist ein wirklich kurioses, kopfstehendes Dasein, das Laura ihrer Maus da andichtet.

Alles, was sie in ihrer Fantasie erschafft, entsteht aus Wörtern, mit denen sie reimend spielt, und wird in ihnen vorstellbar, also bildhaft, egal ob real oder nicht. Das ist es genau, wozu Gedichtlesungen führen können und sollen: Kinder herauszufordern, mit Sprache und Formen, Reimen und Lauten zu spielen und – wie mit Legosteinen – nach Lust und Laune Häuser zu bauen, in denen sich leben lässt.

Nicht immer gelingt das beim ersten Versuch. Und so habe ich in meinen Lyrik-Workshops, aber auch in Einzelgesprächen oder als Antwort auf die mir zugeschickten Gedichte ein wenig Hilfestellung gegeben, den poetischen Dreh oder Clou, die Pointe oder den Witz einer Idee sprachlich zu verstärken. Ich habe Reimmöglichkeiten aufgezeigt, wo einem Kind nicht das passende Wort einfallen wollte. Wir haben gemeinsam Sätze verschoben oder gestrichen, wenn sie nicht passen wollten, Zeilen ergänzt, um ein Bild abzurunden, und so – das ist der Sinn eines Schreib-Workshops – gute Gedichte geschaffen, die auch anderen Lesern Spaß machen.

Um Kindern aufzuzeigen, wie viele Möglichkeiten für Gedichte es geben kann, habe ich schließlich für das Buch noch ein weiteres Kapitel zusammengestellt, in dem ich – als erwachsener Dichter – Beispieltexte vorführe, um ergänzende Spielmöglichkeiten mit der Sprache anzubieten, die über den normalen Bereich dessen hinausgehen, was Kinder von sich aus an Gedichtideen entwickeln. Es sind aber Spielformen, von denen Kinder bei meinen Lesungen spürbar angezogen werden und die sie als Muster verwenden können, um sich selbst – allein oder in der Gruppe, vielleicht sogar im Schulunterricht – darin zu üben. Diese von mir geschriebenen Texte habe ich noch um Erklärungen und ein paar Denkanstöße zum leichteren Einstieg ins (Um-)Dichten ergänzt. Es gäbe Hunderte andere Formen, die man vorführen könnte, aber das würde den Umfang des Buches sprengen und – als Überangebot – die Kinder verwirren.

Nachdem dies alles als Plan vorlag, kam mir noch ein letzter Gedanke, das Buch poetisch abzurunden: Ganz am Schluss stehen nun zehn Gedichte von bekannten Kinderlyrikern, die auch ein Mausgedicht geschrieben haben. Mäuse im Gedicht sind nicht bloß Kinderspielerei, sondern genießen ihren geheimen Platz in der Dichtung. Und wo ein gutes Gedicht entsteht, das die Mäusewelt in der Kinderlyrik bereichert, da klatscht die Maus Applaus, egal ob von Kinderhand geschrieben oder von einem namhaften Dichter erdacht. Die Welt der Maus steckt voller Möglichkeiten und ist eine unendliche Spielwiese, auf der sich ausgelassen und mutig herumtollen lässt.

Anmerkung zum Schluss: Die Gedichte, die ich mit den Kindern entwickelt habe, entstanden fast alle zwischen 2018 und Sommer 2019. Die Altersangaben beziehen sich auf die Zeit der Gedichtentstehung.

* aus dem Band „Die Muße der Mäuse“, Elif Verlag, 2018, S. 46-47

Anhang

Dunkel war's …

Dunkel war's der Mond schien helle,
Schnee bedeckt die grüne Flur,
als ein Auto blitzeschnelle,
langsam um die Ecke fuhr.

Drinnen saßen stehend Leute,
schweigend ins Gespräch vertieft,
als ein totgeschossner Hase
auf der Sandbank Schlittschuh lief.

Und auf einer roten Parkbank,
die blau angestrichen war,
saß ein blondgelockter Jüngling
mit kohlrabenschwarzem Haar.

Neben ihm 'ne alte Schrulle,
zählte kaum erst 16 Jahr,
in der Hand 'ne Butterstulle,
die mit Schmalz bestrichen war.

Von der regennassen Straße
wirbelte der Staub empor
und der Junge bei der Hitze
mächtig an den Ohren fror.

Danksagung

Ich danke allen Kindern, die mit ihren Ideen und Gedichten an diesem Buch mitgewirkt haben, sowie den Lehrerinnen und Lehrern, durch die die Zusammenarbeit überhaupt möglich wurde. Ganz besonders sei hier Margarete Teuscher von der Herder-Grundschule in Esslingen erwähnt, die eine unschätzbare Hilfe war. Und ich danke den Eltern der Kinder für die Erlaubnis zum Abdruck der Gedichte in diesem Buch.

Ich danke von Herzen den Freunden Michael Augustin, Georg Bydlinski, Michael Hammerschmid, Franz Hohler, Susan Kreller, Paul Maar, Arne Rautenberg, Jutta Richter und Manfred Schlüter für die Gedichte, die sie für dieses Buch zur Verfügung gestellt und in den meisten Fällen sogar neu geschrieben haben.

Und ich danke Manfred Schlüter, dem wunderbaren Wegbegleiter bei diesem Projekt, für die Gestaltung des Buches und für das Daumenkino, das ich mir so sehr gewünscht habe.

Inhalt

1

Ich will spielen, sagte die Maus

2

Es war einmal und ist nicht mehr 'ne Maus mit ihrem Teddybär

3

Eine kleine Maus rief an im Gartenhaus

5

Diese Krümel schleppt die Maus in der Nacht noch in ihr Haus

Noch mehr Lyrik für Kinder von
Uwe-Michael Gutzschhahn

Begrüßung

Der Igel schaut noch in den Spiegel,
der Star fährt sich nervös durchs Haar,
die Ratte zupft an der Krawatte,
der Floh, der rennt noch kurz aufs Klo.

Am heißen Herd, da kocht das Pferd,
das Schwein sucht schnell nach einem Wein,
die Ameise übt noch mal leise
zu singen auf ganz zarte Weise.

Die Kuh schlüpft eilig in die Schuh,
die Maus hält einen Blumenstrauß,
der Stier, der reißt jetzt auf die Tür
und dann – küsst dir der Elefant die Hand.

2. Auflage
ISBN 978-3-946989-11-0
80 Seiten
Klappenbroschur
16,00 €

Uwe-Michael Gutzschhahn
Die Muße der Mäuse

Gedichte

Mit Zeichnungen von Manfred Schlüter.
Mit einer CD der vom Autor gelesenen Texte.

„Ich habe den Band in einem Zug durchgelesen, bin äußerst begeistert und habe sofort Lust bekommen, wieder Gedichte für Kinder zu schreiben. Ich kann zu diesem Buch sehr gratulieren! Auch die Ausstattung durch Manfred Schlüter passt genau."

- Paul Maar über den Gedichtband "Die Muße der Mäuse" -

Empfehlung 2018 der Akademie für Kinder- und Jugendliteratur!

Durch den ganzen Band zieht sich eine Landkarte und nimmt die Lesenden mit auf eine Reise (in die Fantasie). Liebevolle, zu den Texten passende Illustrationen ergänzen die Karte. Ein Vergnügen für alle Kinder und Erwachsenen, die Freude haben am Spiel mit der Sprache. Gut geeignet auch für den Unterricht auf der Primarstufe. *Kinder-und Jugendmedien Bern*